JOURNAL

PRÉCIS

DE L'ATTAQUE DE LILLE,

Du 24 Septembre au 8 Octobre 1792, l'an 1.er de la République Française.

RÉDIGÉ SOUS LES YEUX DU CONSEIL DE GUERRE.

LA confiance naturelle où l'on devait être que l'ennemi n'oserait tenter une entreprise aussi hardie que l'attaque de Lille, n'avait point ralenti l'activité des mesures défensives. Tout se disposait pour lui opposer une vigoureuse résistance, lorsqu'un changement survenu dans la position de nos armées ouvrit jour à l'exécution de son projet. Avant d'entrer dans le narré de ses opérations, il est important de le faire précéder de quelques détails antérieurs sur les mouvemens qui les ont déterminées.

La garnison de Lille étant considérablement diminuée par le rassemblement de forces qu'il fallait opposer à l'ennemi au camp de Maulde, après la levée du camp de Famars, et la marche de la majeure partie des troupes vers l'armée du

centre, nous n'occupions que par de faibles détachemens les postes de Lannoy et Roubaix , à trois
lieues en avant de Lille. L'ennemi s'en empara dès
le 5 Septembre , et y développa des forces supé-
rieures, contre lesquelles on ne put rien tenter
sans compromettre évidemment la sûreté de là
place confiée au général Ruault, bien moins encore lorsque la levée du camp de Maulde , le 7 ,
nécessitée par l'invasion de l'armée prussienne en
Lorraine , et sa marche rapide vers le centre, eut
mis la frontière à découvert. L'ennemi s'empara de
Saint-Amand dès le 8 ; Orchies, évacué le 10, fut
bientôt en son pouvoir ; un essaim de troupes
légères se développa sur toutes nos communications, dès le moment que nous cessâmes de tenir
la campagne.

Cependant, le général Ruault avait fait faire ,
le 11 et le 12, deux sorties successives sur les avant-
postes de l'ennemi avec quatre cents hommes,
cent chevaux et deux pièces de canon, l'une et
l'autre commandée par M. Clarenthal, lieutenant-
colonel du 6e régiment de cavalerie, elles eurent
un succès tel que l'ennemi fut repoussé au-delà de
Flers et d'Annappes.

L'ennemi se renforçant chaque jour considérablement, surtout en cavalerie, on ne put rien entreprendre au-delà, et les autres places de première ligne, comme celle-ci, menacées tour-à-
tour par ses divers mouvemens, ne purent s'occu-

per que de leurs moyens défensifs et du renforce-
ment de leur garnison respective.

L'armée ennemie se développa successivement
en divers camps, dont les détachemens, poussés
assez près de la place, eurent bientôt intercepté
toutes nos communications, à l'exception de celles
avec Béthune et Dunkerque, immédiatement cou-
vertes par le canal de la Haute-Deûle, sauf la partie intermédiaire entre Lille et Haubourdin; toute
l'attention des généraux dut donc s'y porter : ce
poste fut occupé ainsi que l'abbaye de Loos: Ar-
mentières fut renforcé pour défendre cette partie
du cours de la Lys et couvrir nos dépôts de sub-
sistances. La Basse-Deûle fut également soutenue
d'environ neuf cents hommes et quatre pièces de
canon aux postes de Wambrechies et de Quesnoy.

Telles étaient nos dispositions, lorsque, le 23
Septembre au matin, on s'aperçut clairement de
celles de l'ennemi; les rapports des jours précédens
nous avaient informé qu'il campait déjà vers En-
netières et Lesquin, entre Lille et Pont-à-Marcq:
on découvrit, des lieux les plus élevés de la ville,
qu'il formait un camp plus considérable entre les
villages de Lezennes et d'Annappes, et qu'il s'éten-
dait successivement en différentes parties, vers
Flers et Mons-en-Barœul.

Nous gardions la tête du faubourg de Fives,
tandis qu'on s'occupait à faire, dans cette partie,
l'abatis des haies pour éclairer ses mouvemens et
y diriger les feux de la place.

Le 24, dans la journée, l'ennemi poussa quelques chasseurs vers les Belges qui gardaieut cet avant-poste, ce qui détermina le lieutenant-général Duhoux, arrivé depuis peu de jeurs, à faire une sortie avec deux cents hommes de différens piquets de la garnison et deux pièces de canon, non compris la grand'garde journalière de cent hommes de ligne, d'une pièce de canon et de trente chasseurs Belges ; l'ennemi s'éloigna bientôt, après avoir essuyé quelques pertes dans sa cavalerie, dispersée par le feu nourri de ces pièces.

Le général à peine rentré dans la place, on apprit que l'ennemi se rapprochait en force de la tête du faubourg, et que la grand'garde avait été obligée de se replier sur la lunette de Fives et dans les chemins couverts ; il fut résolu de l'attaquer le lendemain, et les dispositions furent faites de suite.

Le 25, à 6 heures du matin, le lieutenant-général Duhoux, commandant en chef, accompagné, comme il l'avait été la veille, par le maréchal-de-camp Champmorin, sortit avec six cents hommes aux ordres de M. Depierre, lieutenant-colonel du 24.ᵐᵉ régiment, de M. Valuber, lieutenant-colonel du bataillon des volontaires de la Manche, cent chevaux commandés par M. Clarenthal, lieutenant-colonel du 6.ᵐᵉ régiment, et quatre pièces de canon. Mais, à peine fut-on parvenu aux premières maisons du faubourg, que l'ennemi, qui l'occupait dans tous les points, fit un feu très-vif sur notre avant-garde. Les troupes se déployèrent successivement, et le feu, tant de nos pièces que de la mousqueterie, repoussa l'ennemi jusque vers la tête du faubourg, où une résistance opiniâtre, après trois heures d'action, fit juger de la supériorité de ses forces, d'ailleurs masquées par le fourré des dernières fermes. Le général ordonna la retraite ; elle se fit au petit pas et en bon ordre, et fut protégée par les dispositions qu'avait fait le général Ruault dans les chemins couverts, et soutenue du feu de l'artillerie de la place et des ouvrages extérieurs. Nous eûmes, dans cette sortie, deux hommes tués et une quinzaine de blessés. Philippe Chabot, capitaine au 15me régiment, du nombre de ceux-ci, mourut le même jour. La perte de l'ennemi dut être considérable.

Le conseil de guerre assemblé à la suite de cette expédition, déclara la place en état de siège ; on s'occupa, dès ce moment, de toutes les mesures qui restaient à prendre pour assurer et prolonger la défense. L'artillerie, aux ordres du lieutenant-colonel Guiscard, fit, sur le front menacé, toutes les dispositions convenables ; elle travailla avec la plus grande activité à faire l'évacuation des magasins à poudre de la vieille porte de Fives et de la Noble-Tour : le génie, par les soins du lieutenant-colonel Garnier, chef dans la place, disposa toutes les manœuvres d'eau pour tendre la grande inondation ; des blindages pour abriter davantage l'un des magasins à poudre de l'Esplanade , et d'autres précautions du même genre dans l'intérieur de la Citadelle pour la sûreté de ses défenseurs.

Le 26 au matin , on reconnut que l'ennemi avait ouvert la tranchée dans la nuit par une communication très-éloigné partant des premières maisons du village d'Hellemmes et allant gagner le chemin du Long-Pot attenant au faubourg de Fives. L'extrémité de son travail semblait annoncer le développement de sa première parallèle à environ 350 toises du saillant des ouvrages extérieurs du front de la Noble-Tour; le général Duhoux ordonna une sortie dans l'après-midi ; les dispositions faites , il marcha par la porte des Malades avec les maréchaux-de-Camp Ruault et Champmorin , et l'aide-de-camp du général Ruault , six cents hommes d'infanterie des volontaires nationaux , commandés par M. Chemin, Valuber et Branchard , cent cinquante chevaux aux ordres de M. Baillot, lieutenant-colonel du 13.me régiment de cavalerie et deux cent cinquante Belges conduits par M. Osten , lieutenant-colonel commandant. Le feu de l'artillerie de la place avait foudroyé , par diverses salves , le travail de l'ennemi , nos troupes achevèrent de l'en déloger , non sans une perte considérable de sa part : nous n'eûmes que deux Belges de blessés ; la cavalerie de l'ennemi n'osa rien entreprendre sur la retraite , qui fut protégée par la nôtre et par le canon de la place.

Le 27, l'ennemi, sans avoir beaucoup étendu ses ouvrages vers la gauche, avait travaillé la nuit à les perfectionner et se prolongeait sur la droite à l'abri des masures du faubourg que les Belges avaient incendié et que le canon avait battu avec succès ; ses dispositions faisant juger qu'il pourrait embrasser en attaque régulière le front de la No-ble-Tour, le maréchal-de-camp commandant du génie fit la reconnaissance d'une lunette à placer en retour du faubourg des Malades, et qui aurait battu tellement à revers les tranchées de l'ennemi, que leur cheminement eût été de la plus grande difficulté. Les officiers du génie firent travailler dans l'après-midi à la communication à l'ouvrage projeté ; mais l'ennemi s'étant concentré dans le projet d'un bombardement, il n'en fut pas fait suite.

Le 28, les travaux de l'ennemi se bornèrent, comme la veille, à faire des dispositions de batte-ries formidables, auxquelles il travaillait avec la plus grande activité, tant de jour que de nuit, à l'aide des couverts derrière lesquels il s'enfonçait : le grand feu de la place, qui se dirigea sur tout son développement, dut, cependant, lui faire perdre du monde, comme on l'a su par le rapport de quel-ques déserteurs.

Le 29 au matin, l'ennemi poursuivit l'achèvement de ses batteries, quoique notre feu ne cessât pas de le tourmenter : tel était l'état des choses, lorsque, vers onze heures, on vint annoncer au conseil de guerre qu'un officier supérieur autrichien, accompagné d'un trompette, se présentait à la porte St.-Maurice. Le général Ruault, redevenu commandant en chef depuis les ordres donnés au général Duhoux de se rendre à Paris, détacha aussitôt le capitaine Morand, son aide-de-camp, pour aller conjointement avec M. Varennes, colonel du 15.ᵐᵉ régiment d'infanterie, recevoir l'officier envoyé de l'armée ennemie ; on lui fit traverser la ville en voiture, les yeux bandés, et il fut introduit au conseil : il remit alors une dépêche du capitaine-général Albert de Saxe, portant sommation au général-commandant de rendre la ville et la citadelle à l'Empereur et Roi ; il annonça qu'il en avait une autre pour la Municipalité ; mais, sur l'observation qui lui fut faite que les lois françaises, suivant lesquelles la place avait été mise en état de siége, ne permettaient pas de le laisser communiquer avec la Municipalité, cet officier consentit à la remettre au général-commandant, qui lui donna l'assurance de la faire passer de suite à sa destination, et de lui en remettre la réponse conjointement à la sienne. La copie de ces pièces se trouve sous les numéros 1, 2, 3 et 4.

Vers une heure de l'après-midi, l'officier Autrichien sortit de la salle du conseil, et fut reconduit

avec les mêmes précautions à la porte St.-Maurice:
le peuple qui avait porté à sa mission tout le respect
commandé par le droit des gens, ne fut pas plutôt
instruit de son objet, que des cris s'élevant de
toutes parts sur les pas de l'envoyé, firent retentir
les airs des cris redoublés de VIVE LA LIBERTÉ! VIVE
LA NATION! Citoyens, soldats, officiers-généraux,
tous partagèrent l'indignation d'une sommation ré-
voltante, et la fermeté énergique avec laquelle les
officiers municipaux et le général commandant
avaient juré de mourir fidèles à la Patrie.

A peine l'envoyé eut-il atteint les postes de l'armée ennemie, que son artillerie, par la détonation
subite de 12 mortiers et 24 pièces de gros canons
tirant à boulets rouges, jeta l'alarme dans les divers quartiers de la ville. Notre artillerie opposa à
ce feu épouvantable, soutenu avec la plus grande
vivacité, toute l'énergie de moyens dont elle était
capable ; cependant, l'église de St.-Etienne et les
maisons voisines furent bientôt la proie des flammes, malgré la célérité des secours que les officiers municipaux conduisirent en personne.

Le 30, l'ennemi soutint tout le jour, comme il
l'avait fait dans la nuit, le feu étonnant de la veille ;
l'incendie continua autour de l'église St.-Etienne.
Un autre plus considérable encore s'était manifesté
dans le quartier de la paroisse St.-Sauveur, où l'ennemi avait dirigé un déluge de bombes. Les citoyens, les soldats, animés par la présence des offi-

ciers municipaux, s'efforcent d'en arrêter les progrès ; leurs efforts sont vains ; on porte des secours partout où le même danger peut se manifester, et ce n'est pas sans des soins infinis, que les citoyens des différens quartiers, veillant jour et nuit, à travers tous les dangers, à suivre la direction des boulets rouges dans la toiture des maisons, parviennent à en arrêter les effets les jours suivans.

Le 1.er Octobre, même feu soutenu de la part de l'ennemi, malgré la vivacité du nôtre ; des incendies partiels se manifestent encore, des secours prêts et rassemblés à la Maison-Commune y volent avec les pompes.

Ce même jour arriva le général Lamarlière avec six bataillons de volontaires nationaux, deux de troupes de ligne et trente-sept canonniers citoyens de Béthune.

Le 2, le feu de l'ennemi s'était un peu ralenti, et par intervalle, tourmenté sans doute et affaibli par la vivacité du nôtre, tant de canons que de mortiers ; il nous arriva ce même jour un bataillon de volontaires fédérés.

Le 3, dès la pointe du jour, le feu de l'ennemi et le nôtre furent très-vifs de part et d'autre: la surveillance continuelle des citóyens aux incendies, les arrêtait partout où il s'en montrait. (1) Les pompes de la ville suffisaient à peine :

_____

(1) La familiarité que le Citoyen et le Soldat avaient

ce fut donc dans les transports d'une joie universelle, et d'un sentiment difficile à rendre, que l'on vit arriver à la fois les pompes des villes de Béthune, Aire, St.-Omer et Dunkerque : (celle-ci avait envoyé les siennes en poste); elles furent du plus grand service dans ce moment (1).

Le 4, l'ennemi avait moins tiré dans la nuit, où il s'était occupé, sans doute, à réparer le désordre que nos batteries avaient pu causer dans les siennes; mais, depuis huit heures du matin jusqu'à onze, il fit à-la-fois le feu le plus vif et le mieux soutenu de bombes, de boulets rouges et de boulets froids, soit que les premiers manquassent à sa durée, soit qu'il voulût tromper la vigilance des citoyens à travers l'abondance effroyable d'un tel feu; le nôtre ne fut pas moins soutenu, et l'un et l'autre s'atta-

---

pris dès les premiers jours du bombardement, avec l'essaim de boulets rouges lancés par l'ennemi, les avait rendu ingénieux sur les moyens d'en parer le ravage. Chaque rue avait sur divers points de son étendue, des guetteurs qui, jour et nuit, observaient la direction des boulets : ils les suivaient à la piste au moment de leur chûte, volaient promptement à leur découverte, et les éconduisaient, après les avoir noyés à outrance dans les vases que chaque maison tenait pleins d'eau à cet effet.

(1) Des secours en vivres et en défenseurs s'annonçaient de même et arrivaient de toutes parts, tant la courageuse résistance de Lille, à un genre d'attaque aussi révoltant, donnait d'énergie aux habitans des villes contre l'agresseur barbare du sol de la Liberté.

quèrent de nouveau vers les deux heures de l'après-midi avec la plus grande violence. Deux bataillons de volontaires et un de troupe de ligne entrèrent ce même jour dans la place.

Le 5, le feu de l'ennemi, qui avait continué pendant la nuit, mais avec quelques intervalles de repos, parut beaucoup moins vif dans la matinée : il s'affaiblit sensiblement dans le reste de la journée, et ne tirait plus que de quatre à cinq pièces, toujours à boulets rouges, sans qu'il en résultat d'autres incendies inquiétans.

Le soir, à huit heures, arrivèrent au conseil de guerre les citoyens *Delmas*, *Duhem*, *Debelle-garde*, *Duquesnoy*, *d'Aoust* et *Doulcet*, commis-saires-députés de la Convention nationale ; ils y prirent séance dans le moment où l'on agitait la question des sorties vigoureuses proposées par le général Bourdonnaye, commandant en chef l'armée; idée à laquelle la position formidable de l'ennemi permettait bien moins de se prêter, que sur un développement d'attaque ordinaire. Le général-commandant leur rendit compte de l'état de la place, et de la vigueur des moyens de résistance opposés jusqu'à ce jour.

Le 6, l'ennemi, qui n'avait tiré que par in-tervalle dans la nuit, répondit encore moins, le jour, à la vivacité du nôtre; il ne tirait plus que de quatre pièces à boulets rouges, et, son feu cessa entièrement dans l'après-midi. Les rapports qui nous furent faits, tant de la part des déserteurs que des dehors, s'accordèrent à annoncer la retraite de l'ennemi et la marche de sa grosse artillerie vers Tournai : la nôtre ne le laissa pas plus tranquille dans ses retranchemens.

Le 7, nul feu de l'ennemi ne s'était fait entendre dans la nuit, deux salves de notre artillerie précédèrent la découverte que le général avait ordonné de faire à six heures du matin. M. Bourdeville, premier lieutenant-colonel du 74.me régiment, sortit, par la porte St.-Maurice, avec deux cents hommes, deux compagnies de grenadiers et un détachement de hussards ; plusieurs coups de mousqueterie, des védettes de l'ennemi, sur ceux-ci et quelques autres parties des retranchemens, ne laissèrent aucun doute sur sa présence ; le lieutenant-colonel qui avait eu ordre de marcher avec précaution et de ne rien hasarder, fit sa retraite sous la protection du feu de la place. Des déserteurs nous rapportèrent, en effet, à midi, que l'ennemi gardait encore ses retranchemens avec un bataillon d'infanterie, de nombreux piquets de grenadiers et deux dernières pièces de canon.

Le 8, le général fut informé, dans la matinée, que l'ennemi avait fait sa retraite dans la nuit, et se portait de l'autre côté de la Marque, à peu-près à moitié chemin de Tournay ; il ordonna, de suite, au maréchal-de-camp Champmorin, de se porter en avant du faubourg de Fives, à la tête d'un détachement de cinq cents hommes des volontaires nationaux et des troupes de ligne aux ordres de M. Dorières, lieutenant-colonel du 15.me régiment, et de M. O. Keeff, lieutenant-colonel du 87.me régiment, suivi d'un détachement de hussards, et de faire raser les retranchemens de l'ennemi par deux cents travailleurs commandés : nombre de citoyens s'y portèrent en foule, ce qui n'éprouva aucun obstacle.

Ce même jour les incendies fumaient encore, mais tout était calme dans les murs de Lille. L'ennemi avait remporté avec sa honte ses instrumens de guerre brisés; sa perte, suivant nombre de rapports, peut être évaluée à environ deux mille hommes, tant tués que blessés, parmi lesquels nombre de ses canonniers et bombardiers.

Le 9, la destruction des ouvrages de l'ennemi a été poursuivie aux ordres du lieutenant-colonel Guiscard, commandant de l'artillerie, et sera continuée jusqu'à ce qu'il n'en reste aucun vestige.

D'après le rapprochement des divers rapports faits par les déserteurs, l'armée ennemie était forte de vingt-quatre à vingt-cinq mille hommes d'infanterie, et de six à sept mille hommes de cavalerie.

La garnison de Lille, dans les premiers jours de l'attaque, n'était que d'environ six mille hommes d'infanterie et six cents chevaux. L'état ci-après donnera le dénombrement de ses forces et de ses accroissemens successifs.

Tel est le récit exact d'une expédition atroce, exécutée contre tous les droits de la guerre, et qui doit à jamais couvrir d'opprobre l'armée autrichienne aux yeux des nations civilisées. En vain s'était-elle flattée de la conquête de Lille, sans développer d'attaque sur les nombreux ouvrages qui la couvrent; en vain avait-elle compté, en portant sur tous les points de sa surface, l'incendie, le ravage et la mort, diviser et soulever un peuple fier de sa liberté. Un calme froid et stoïque, à travers ce théâtre d'horreur, se peignaient sur le front du citoyen indigné; les malheurs de chaque jour enflammaient son ouvrage; un sentiment héroïque soutenait ses bras défaillans au milieu des fatigues et des veilles; enfin, tandis que le soldat, par principe et par devoir, fidèlement dévoué à son poste, y déployait, comme au milieu des flammes, une valeur peu commune, le Lillois, insensible à ses pertes, jurait de mourir non-seulement sur les restes fumans de son habitation, mais encore sur la brèche de ses remparts, où l'ennemi ne portait que des efforts impuissans. Epoque à jamais mémorable! Puissent les chefs, les pères d'un peuple libre, rappeler à leurs derniers neveux la fierté héroïque, les sentimens généreux et vraiment patriotiques des braves Lillois.

(16)

Fait en Conseil de guerre, à Lille, le 10 Octobre 1792, l'an 1.ᵉʳ de la République française.

Signé, *le maréchal-de-camp commandant,* RUAULT; *le maréchal-de-camp,* LAMARLIÈRE; *le maréchal-de-camp chef de brigade du génie,* CHAMP-MORIN; *le chef de légion,* BRYAN; *le colonel du* 15.ᵐᵉ *régiment d'infanterie,* VARENNES; *le lieutenant-colonel commandant l'artillerie,* G. GUISCARD; *le lieutenant-colonel du génie,* J.-B. GARNIER; *le lieutenant-colonel du* 2.ᵐᵉ *bataillon de la Somme,* TORY; *le lieutenant-colonel du* 4.ᵐᵉ *bataillon de la Somme,* RAINGARD; *le lieutenant-colonel du* 19.ᵐᵉ *régiment d'infanterie,* LONG; *le lieutenant-colonel du* 22.ᵐᵉ *régiment d'infanterie,* DANGLAS; *le lieutenant-colonel du* 6.ᵐᵉ *régiment de cavalerie,* CLAREN-THAL; *le lieutenant-colonel du* 13.ᵐᵉ *régiment de cavalerie,* BAILLOT; *le greffier du conseil de guerre,* POISSONNIER.

ÉTAT DES TROUPES

QUI COMPOSAIENT LA GARNISON DE LILLE

A l'époque du 5 Septembre 1792,

QUE LES POSTES DE ROUBAIX ET LANNOY ONT ÉTÉ ATTAQUÉS.

Volontaires nationaux.	La Manche 522		Dans ce nombre sont compris les prisonniers de guerre faits à Roubaix et Lannoy, les hôpitaux et les recrues non instruits; et, dans la cavalerie, le nombre de chevaux en état de servir n'était que de 600.
	1.er de l'Oise . . . 457	2,012	
	3.me de l'Oise . . . 457		
	4.me de la Somme. 576		
Infanterie. .	15.me régiment. . . 666	2,400	
	24.me ——— . . . 576		
	56.me ——— . . . 645		
	90.me ——— . . . 513		
Artillerie. .	3.me ——— . . . 132	132	
Cavalerie. .	6.me ——— . . . 356	1,128	
	13.me ——— . . . 450		
	1 escad. d'hussards 322		

TOTAL au 5 Septembre . . 5,672

Troupes arrivés dans la Place à commencer du 11 Septembre 1792.

L'Eure, 11 sept.re 467	
Le Nord, 14 —— 368	
2e la Somme, 20 —— 660	
Calvados, 21 —— 654	1,329
2e vol. nat., —— 745	
Pas-de-Calais, —— 482	
74e rég. d'inf., octob. 524	
87e *idem* —— 429	

TOTAL 10,001

Report.... 10,001

Bataillons de Fédérés.

Ces 6 batail- lons sont cantonnés.	6.me, 1.er octobre	362	

Ces 6 batail-
lons sont
cantonnés.

6.me, 1.er octobre 362
8.me, 1.er —— 400
14, 1.er —— 450
15, 1.er —— 540
16, 1.er —— 480
17, 1.er —— 564
22.me d'inf., 4—— 620
19.me *idem*, 5—— 658

4,074

TOTAL..... 14,075

I.

COPIE

De la Lettre du Lieutenant-Gouverneur et Capitaine-Général des Pays-Bas Autrichiens, et Commandant-Général de l'armée Impériale et Royale, Albert de Saxe *à M.* le Commandant *de la ville de Lille.*

Monsieur le Commandant,

L'armée de Sa Majesté l'Empereur et Roi, que j'ai l'honneur de commander, est à vos portes; les batteries sont dressées; l'humanité m'engage, Monsieur, de vous sommer vous et votre garnison, de me rendre la Ville et la Citadelle de Lille, pour prévenir l'effusion de sang. Si vous vous y refusez, Monsieur, vous me forcez, malgré moi, de bombarder une ville riche et peuplée, que

j'aurais désiré de ménager. Je demande incessam-
ment une réponse catégorique.

Fait au amp devant Lille, le 29 Septembre 1792.

*Le Lieutenant-Gouverneur et Capitaine-Général des
Pays-Bas Autrichiens, et Commandant-Général
de l'Armée Impériale et Royale,*

ALBERT DE SAXE.

II.

Réponse à la Lettre précédente.

MONSIEUR LE COMMANDANT-GÉNÉRAL,

La garnison que j'ai l'honneur de commander
et moi, sommes résolus de nous ensevelir sous
les ruines de cette place, plutôt que de la rendre
à nos ennemis ; et les citoyens, fidèles comme
nous à leur serment de vivre libre ou de mourir,
partagent nos sentimens et nous seconderont de
tous leurs efforts.

Lille, le 29 Septembre 1792, l'an premier de
la République française.

Le Maréchal-de-Camp Commandant à Lille,

RUAULT.

III.

COPIE

*De la Lettre écrite à la Municipalité de Lille, par
le Lieutenant-Gouverneur et Capitaine-Général
des Pays-Bas Autrichiens, et Commandant-Général de l'Armée Impériale et Royale.*

A LA MUNICIPALITÉ DE LILLE,

Établi devant votre ville avec l'armée de Sa Majesté l'Empereur et Roi, confiée à mes ordres, je viens, en vous sommant de la rendre, ainsi que la Citadelle, offrir à ses habitans sa puissante protection. Mais si, par une vaine résistance, on méconnaissait les offres que je leur fais, les batteries étant dressées et prêtes de foudroyer la ville, la Municipalité sera responsable à ses concitoyens de tous les malheurs qui en seraient la suite nécessaire.

Fait au Camp devant Lille, ce 29 Septembre 1792.

Le Lieutenant-Gouverneur et Capitaine-Général des Pays-Bas Autrichiens, et Commandant-Général de l'Armée Impériale et Royale,

ALBERT DE SAXE.

IV.

Réponse faite à la Lettre précédente.

LA MUNICIPALITÉ DE LILLE A ALBERT DE SAXE,

Nous venons de renouveler notre serment d'être fidèles à la Nation, de maintenir la Liberté et l'Égalité, ou de mourir à notre poste. Nous ne sommes pas des parjures.

Fait à la Maison-Commune, le 29 Septembre 1792, le premier de la République française.

Le Conseil permanent de la commune de Lille,

ANDRÉ, Maire.

ROHART, Secrétaire-Greffier par *intérim*.

IMPRIMERIE DE L. JACQUÉ, A LILLE.

117

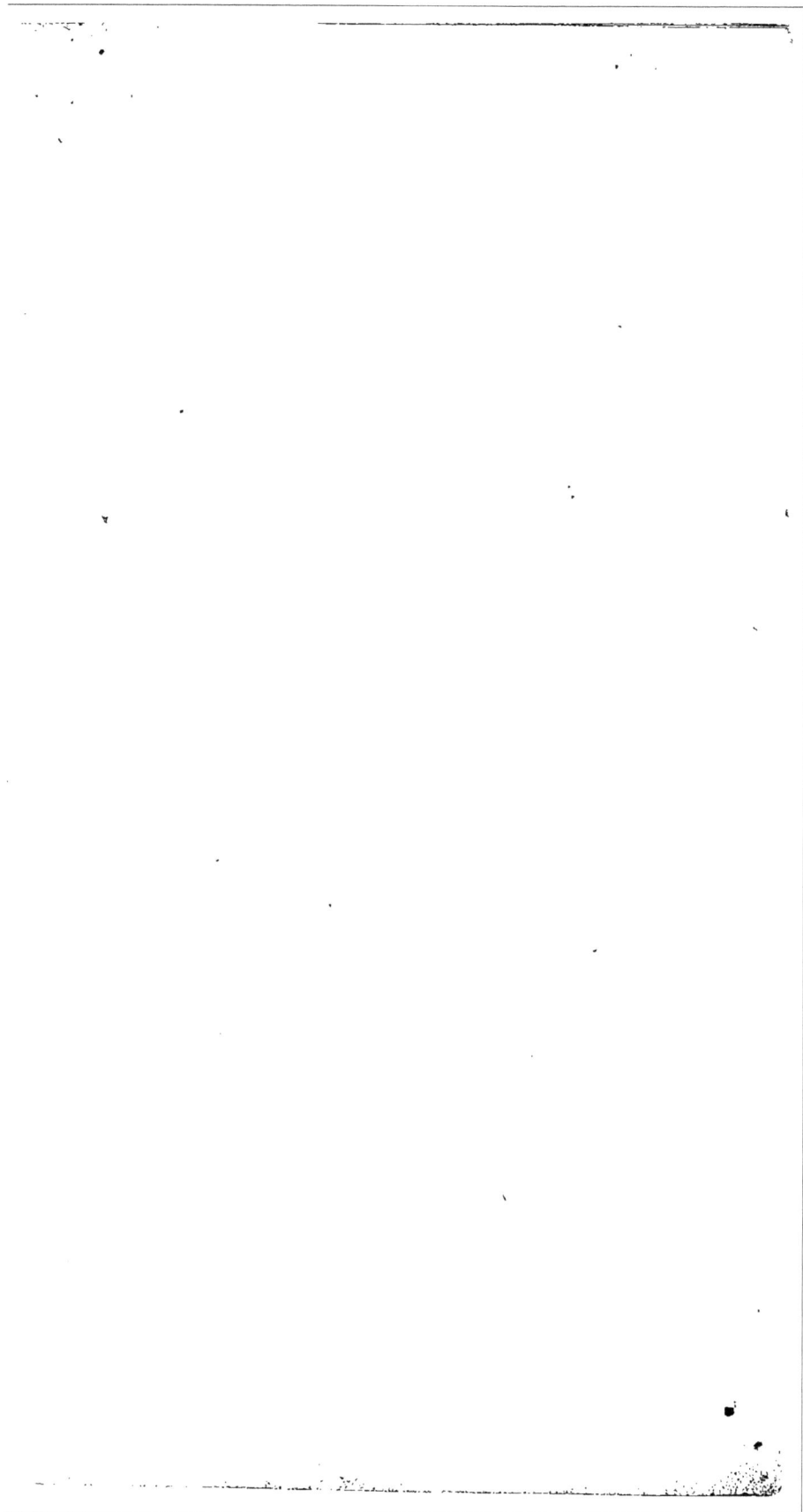

www.ingramcontent.com/pod-product-compliance
Lightning Source LLC
Chambersburg PA
CBHW060203070426
42447CB00033B/2423